みんなが輝くために5

原作・著　梅田 真理

マンガ　　河西 哲郎

JN113146

登場人物 みんなが輝くために

松平 彩
(まつだいら あや)

大黒市立第二小・通級指導教室「学びの教室」担当教諭。大黒中学通級担当 水野茜とは、かつて講師を務めた大学の学生だったという間柄。

平塚 優花
(ひらつか ゆうか)

大黒中「学びの教室」(通級)担当教諭。特別支援学校との人事交流第1号。大学時代はやり投げで全国大会出場。第19話にやり投げを始めたエピソードも。

水野 茜
(みずの あかね)

大黒中「学びの教室」(通級)担当教諭。大学時代は彩先生の講義を受ける。他市での通級指導経験がある。通級をさらに身近にと「学びの相談室」を思いつく。

あらすじ

茨城県大黒市(※)は、小学校通級指導教室への理解が浸透してゆく。小学校で通級指導を受けた保護者を中心に中学校での通級開設を求める声も上がり、大黒中学に通級指導教室「学びの教室」(小学校と同じ教室名)が新設される。担当教諭となった水野茜と平塚優花は、思春期ならではの生徒の気持ちも大切にしながら関わっていく。通級への理解を浸透させるため前段階の「相談室」開設や、医療機関との連携も進めていく。※茨城県大黒市はフィクションです

第17話　通級を少しでも身近に、「学びの相談室」開設

小池 英梨
（こいけ えり）

通級を知り、相談に行きたいものの周囲の目が気になる。

高木 祥正
（たかぎ よしまさ）

英梨の中2担任、体育教師。英梨の様子を見て学びの教室と連携。

第18話　今は困っていなくても先を見越して

水野 茜
（みずの あかね）

平塚 優花
（ひらつか ゆうか）

松平 彩
（まつだいら あや）

文部科学省が発表した「特別な教育的支援が必要な子ども」についてマスコミの取り上げ方やお母さんたちの受け止め方について3人が話し合います。

第19話　他の子と仲良くするってどうするの？

小西 さくら 中1 (小4・5・6)
（こにし さくら）

小4からソフトボールを始め小6で県選抜に。他の子と関係つくりに悩む。

藤原 葵 中1(小6)
（ふじわら あおい）

さくらと小学校からの同級生で部活も同じ。さくらの煮え切らない態度にモヤモヤ。

第20話　通級と医療機関との連携でしっかり支援

根本 一成 中2
（ねもと いっせい）

中2の転校生。コミュカOKだが、書字が苦手、LDの診断を受ける。

石丸 完治
（いしまる かんじ）

一成が通う診療内科クリニックの先生。一成の通級での生活が気になる。

第17話
通級を少しでも身近に、「学びの相談室」開設

数日後——

小池さん！

先生？

職場体験の課題進んでる？

あと学級委員の集まりもあるって聞いてるけれど大丈夫？

2年2組 担任
高木 先生

はい…

大丈夫です

小池 英梨
（中2）

はい

そっか
それは良かった!
何かあったら
先生に話してな!

キーン コーン

じゃあ
今日の授業は終わり
このページの問5まで宿題!
次回提出してもらうからね

スケジュール表に
書いておかないと

学びの教室の先生に
言われたように
お父さんと作ったけど…

プイッ

・・・・・

松平先生に頼りっぱなしで申し訳ないんですけど…

一から始める通級設置といえば松平先生っす!

松平陶芸教室

生徒たちへの理解啓発かぁ…
中学生は特に思春期で周りの目が気になる頃だから
難しいところだけれどとても大事よね

頼ってもらえて嬉しいわ

大黒市立第二小通級指導教室
「学びの教室」担当教諭
松平 彩

はい！
やっぱり他の子と違うことをするのはためらわれるみたいで…
先生はどうしてましたか？

小学校では休み時間にプレイルームを開放してみたわ
気軽に遊びに来られるようにね

※2巻5話

うわぃ！
こんなところあったんだ！

禁止の日を設けるくらい子どもたちが来ちゃったけど

あらら

今日はどれで遊ぼうかな～！

ドドドッ

でも
どういう場所かわからなければ
誰だって不審に思うものだし
実際に来て見て
こういう場所で勉強しているんだって
理解すれば
受け入れやすくなるからね

うちの陶芸教室だって
職人みたいな人ばかりが
やってるって思われたりもするけど
実際に体験してもらうと
親しみやすいものだって
わかってもらえるからね

確かに
家族で来てる方も
多いですもんね

実際に来てもらうことは
大事だよ
中学校ではプレイルームという
わけにはいかないと思うけど

つまり…
プレイルームのような
生徒たちが
入りやすくなる
何かを考えられれば…

？＝

う〜ん

えっ!?なんで
いるんですか?

陶芸が
趣味なんです!

なんでって
陶芸教室ですよ
ここは

話を戻しますが
松平先生の大学講師時代の
学生さんにもそういう人
いらしたんですか?

結構見てきましたね
大学の恩師も
たくさん見てきたって
言っていたし

失敗してから気づくと
本人が傷つくのよね

自分の苦手をカバーするために
中には教科書やレジュメを
全部入れたキャリーケースで
毎日通学してくる学生も…

それは
忘れ物はしないでしょうが
大変ですね……
その方は4年間ずっと?

たくさん
見てきたわよ〜!

ICT活用もですが…
まずは従来のアナログでどんな支援が
できるかを考えることが大事ですね

板書と同じ中身をプリントにして
空欄を作って空欄に書き込むだけの
ノートテイクにしたり板書を
プリントにしてそれをファイルに
綴じるようにしたりとか…

生徒の特性に添いつつ
それぞれの先生のやり方で
上手に対応してもらえたら…

生徒たちへの
理解啓発だけじゃなくて
教職員や管理職の理解が
すごく大事ですね

そうね！
先生方に通級の重要性や
生徒への必要な支援を
理解してもらえてないと…

生徒にも
分かってもらうのは
難しいかもね

理科室

先生〜小池が
プリント無くしたって！

えぇ!?
じゃあ
あとで印刷してくるから
とりあえず今は同じ班の人に
見せてもらって

はい

ごめん

それと小池さん
前もプリント無くしてたよね？
教室移動忘れて
授業に遅れることあるし
気をつけようね！

はい…
すみません…

え!?
そうなん
ですか?

あ！
高木先生

先生のクラスに小池さんという
生徒がいるでしょう？
近頃教室移動の時忘れてるのか
遅れてくることがあるんです

職員室

体育の授業では
そんな様子
なかったけどな…

他にも授業に必要なものや
宿題を忘れたり無くしたり
ということも少なくないですし
少し注意された方が
いいんじゃないですか？

小池さんは忘れっぽいところがありますがそれは彼女の特性で困難さでもあって本人も改善のために頑張ってるんです

こまめに声かけとか気にしてもらえませんか？

え!?私たちがそこまでやる必要ありますか？もう中学生ですよ！

ほら！全体会で発表した戸田くんみたいに学習自体に支障がでてるわけではないんですよね？それなら生徒個人が気をつければいい話では？

えっ!?いやそうではなく…

では次の授業に行きますのでよろしくお願いしますね

スタ スタ

あ！ちょっと…えぇぇ

気をつけて帰れよ!

う〜ら先生な

自分が見る限りは小池さん問題なさそうだったけどうまくいってないんだろうか…

あ!竹内さんたち!

何ですか?

えーっと小池さんのことなんだけど宿題とか教室移動とか忘れちゃうことが多いだろ?

できればみんなからも声をかけてあげたりして欲しいんだほら小池さんと仲いいだろ?

いや!?
そんなことは…

勉強できて先生に
気に入られてるんだし
私たちがいなくても
よくないですか?

小学校のとき
先生に
言われたから
一緒にいただけ
だしね

…別に
仲良くない
ですけど

あぁ…

私たちが話しかけても
ぼーっとしてること多いし
あっちだって一緒に
いたくないんだと思います

そういうことなんで…
二人とも行こ

スタ
スタ

でも…
相談してるとこ
見られちゃったら
どうしよう…

ヒソ ヒソ

学びの教室

数日後—

英梨さん！久しぶりだね！
前に学びの教室に来てくれた時に
お話ししたことできてる？

…あー
はい

スケジュール表とか
作ってます

困ったことが
あったら
何でも言ってね

小池さんなんですけど
どうも忘れ物改善されてない
ようなんです

一応自分がこまめに声かけたりは
してるんですが…
他の先生からの協力もなかなか
もらえないですしクラスの友だちとも
うまくいってないみたいでして

もじ

……

あ…あの…

それでさー

！

やっぱり
大丈夫です！

あっ！

ん！？

もっと通級を
気軽で身近なものに
思ってもらえないとかな…

何か言いたそう
だったけど…

通級指導教室
「学びの教室」

ガラッ

平塚先生！

これです！

水野先生！？
珍しいですね？
そんな急いで
どうしたんですか？

はー

はー

それから数日後──

職員会議

私からの話は以上です

そして…

水野先生！

今日は学びの教室に関してひとつお知らせがあります

はい！

学びの教室ではこれから「学びの相談室」を開設します

学びの教室を利用するのかしないのかということではなく学習を中心に学校に関する悩み等も相談できるような場所です

例えば
「どうも自分の学び方は
違うみたい」とか
「みんなと違うような
気がして何か困っている」
などです…

生徒たちが
学びについての悩みを
持っている場合は
もちろん

担任の先生にも相談にのって
もらいたいですが
学びの教室も相談できる場所
だということを先生方からも
伝えてください

相談に来てくれた生徒が
学びの教室につながらなくても
自分の得意不得意を知った上で
アドバイスを受けたり
他の人にも相談できるようになって
欲しいと思っています

高校進学した後も自分で伝えたり
申し送りで伝えることができたりすれば
担任の先生やスクールカウンセラー
特別支援教育コーディネーターと関わりながら
自分にあった学習をしていけるはずです

高校

↑
得手不得手を
知ってもらう

学びの教室

今の中学校だけではなくて
次の学校にきちんと
つながる形を作れるように
ハードルを下げて
気軽に相談に行けるような
取り組みをこれから続けて
いきたいと考えています

戸田くんのように
読み書きで困っている生徒もいれば
自身の特性から人間関係や学校生活が
うまくいっていないといった
一見すれば困っていることが
わからないような生徒もいます

そういった
これまで見逃してしまっていた
生徒たちの困難さを
すくい取れるような学校づくりを
していきたいと思っています

通級に関する校内の取り組みは
今後も続けていく予定です

学びの教室を校内資源として
うまく活用して通常の学級での
支援の方法を増やしたり担任の先生と
教科担当の先生が連携したりしながら
支援していけるような形にしていただきたい

今回も各教室で説明会をさせてもらいました

それじゃあまた何か困ったことがあったら来てね

はい！ありがとうございました！

通級指導教室「学びの教室」

学びの相談室

少しずつ相談者が増えてきましたね〜

保護者の方からのお問い合わせもありますし

そうですね
でもまだまだ…

はい！どうぞ！

コンコン

英梨さん！
どうぞここに座って

…失礼します

あの…

ゆっくりで
いいからね！

前に教えてもらったやり方だと
うまくいかなくて…

本当は…
高木先生や学びの教室の先生に
相談した方がいいのわかってたけど
来れなくて…

うんうん

でも…このままじゃ
いけないと思うから…
私が苦手なことをちゃんと
教えてもらって
変えていきたいんです！

…ただやっぱり通うのは
ちょっと違うかなと思ってて
自分で頑張ってみようって

そっか！
来てくれて
ありがとう

一緒に
考えていこう

また
何か違うなって
思ったら…
相談に来ても
いいですか？

もちろん！
私たちも高木先生も
助けるからね

お父さんとやってたやり方合わなかったみたいで学びの教室に相談してきた…

お母さんあのさ私…

はい洗濯物

それでね…また新しいやり方教えてもらったの学びの教室には通わないで自分でも変えられるように頑張ってみるから

うん!お母さんも英梨のやりたいこと応援するから何をすればいいか教えてね!

自分から行くのは苦手な子なのに…

そう!?

思春期における通級による指導のあり方

　小学校高学年から高校生年代までを思春期と呼びますが、この期間には身体だけでなく心も大きく変化します。この時期には、学校や仲間集団、家族などからの影響を受けながら、一人の大人としての自分を確立していきます。また、思春期には親から自立したいという欲求が高まりますが、実現は難しく親元から離れる不安もあります。その不安に対応するために仲間と一緒に行動することで「みんなと一緒だから」という安心感を得ようとします。そのため、この時期の通級による指導は、仲間と違うことをする必要があることを理解すること、通級の成果を実感できることが大切だと考えます。

　子どもにとっては不安を感じないようにするために仲間と同じことをするのですから、違う活動を選択することはかなりの不安を感じるはずです。その不安を払拭できるように、通級による指導を受けることを決めるまでの過程を大切にする必要があると考えます。在籍する学校の学級担任や特別支援教育コーディネーターによる本人の困難さや思いの丁寧な聞き取り、また、通級による指導がどのようなものであるかの説明は必須でしょう。

　さらには、通級指導教室担当者による指導内容の説明や、目標の確認も大切です。そして、何より実際の指導が本人にとって自分の困難さの改善につながっているという実感が重要です。「やった！できた！」を感じられること、自分の苦手を「こんな風に攻略してみよう！」という作戦を立てられることは、思春期でなくても大切なことですが、社会がより身近になる思春期には、このような実感がより重要になると考えます。　　（参考）厚生労働省「e-ヘルスネット」

第18話
今は困っていなくても先を見越して

※最近では教職員もオンラインで会議をすることがあります

音声
聞こえますか〜?

大丈夫よ!

先日の松平先生のお話が
ヒントになって
学びの教室を知ってもらう
一つのアイテムに
「学びの相談室」を
開きました

「学びの相談室」
そのものズバリの
ネーミングがいいわね!
相談に来る生徒は
どうなの?

自分の得意不得意について
勉強、部活、学校生活など
全般的に相談できる場所

という気軽さが受けたみたいで
結構たくさん生徒が来ます
気持ちの問題も話してくれます

それは良かった！
相談の入り口は
たくさん開かれている
ことがいいわ

はい！
そうですね

なんかさっきから
後ろにチラチラ
見える人が
いるけど…

これ
なんですけど

【NET JAPAN！ニュース】

小中「発達障害」8.8% 7割「支援」判断なし 文科省調査

2022年12月14日

通常学級に通う公立小中学校の児童生徒の8.8%に
発達障害の可能性があることが13日、文部科学省の調査で
明らかになった。

10年前の前回調査から2.3ポイント上昇し
35人学級なら1クラスに約3人が読み書き計算や
対人関係などに困難があるとみられる。

文部科学省が発表した
調査結果ですね

そうなんです
どう思いますか？

マスコミはこう書いているけれど
この調査は発達障害が疑われる
子どもではなくて

「特別な教育的支援が必要な子ども」と
対象が幅広くなっているのよ

【10年前】
発達障害が疑われる子ども

【今回】
特別な教育的支援が必要な子ども
↑
範囲が広い

つまり
こういうことですね

そうそう
正しく報道して欲しいわよね

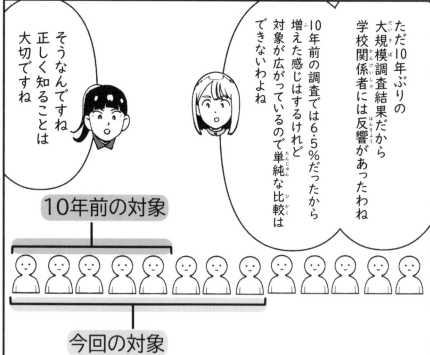

ただ10年ぶりの
大規模調査結果だから
学校関係者には反響があったわね

10年前の調査では6.5%だったから
増えた感じはするけれど
対象が広がっているので単純な比較は
できないわよね

そうなんですね
正しく知ることは
大切ですね

10年前の対象

今回の対象

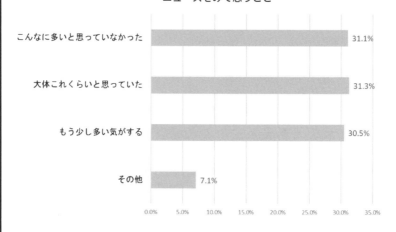

「通常学級に通う小中学生の8.8%に発達障害の可能性がある」という
ニュースをみて思うこと

こんなに多いと思っていなかった	31.1%
大体これくらいと思っていた	31.3%
もう少し多い気がする	30.5%
その他	7.1%

0.0%　5.0%　10.0%　15.0%　20.0%　25.0%　30.0%　35.0%

出所：ママスタセレクト調べ
「小中学生の発達障害について」
2022年12月

あの選手の実力だと仕方ないかなぁ…

この調査はこっちじゃないですか?

指導者の責任じゃないので悪い結果でも弁解しなくていいから実態が明らかになる?

はい

あっ!

ちょっと言い過ぎました!すみません!

私の意見は
「もう少し多い気がする」
なんだけど
身近な担任や親だけでなく
本人が〝困っている〟ことに
気づいていないことが
案外多いんじゃないかと
思っているのよ

わりぃ
また消しゴム
貸して！

○○君って
忘れ物しがち
キャラだよな

うーんでも本人が
困っていないのなら
そのままでいいんじゃ
ないですか？

そうなん
だけど…

でも大きくなるに従って
その困った面が出てくる場合も
あるみたいで…
大学の恩師が毎年のように
話してくれるんだ…

でも
子どもは
嫌いじゃないって
ことは
好きってこと?

それは
まだ考えて
いないです

あんまり
考えたことないですね
小さい子どもも
周りにいないし…

こういう学生は
やっぱり教師は
難しいと
言っていたわ

でも大学まで行ってしまうと自分の向き不向きをわからないと納得できないし

途中で進路変更しないといけないから保護者の理解も必要だしなかなか難しいみたい…

別の選択も考えてみたら？

うーんでもやりたい事ですし…

進路の変更してみようかな…

お金も払ってる訳だし…

夢を簡単に諦めるな！

困っていることが分からないで成人まで行ってしまうと…ということですか？

○○をやりたい！

不向きの○○じゃなく向いてる△△に進路変更

△△はうまくできる

○○やりたいのに失敗ばかりなんでだろう…？

そうなの会社に入っても
失敗して怒られてを繰り返して
理由がわからないまま傷ついて
自分や身近な人を
責めてしまう人もいるわ

確かにそうですね
気合いや努力で全てを
乗り越えられれば
いいですけど

気合いや努力では
どうにもならないことも
あるということを
通級担当になって
痛感しています

早い段階で
困っていることに
周りが気づいて
そして本人も
気づいたほうがいい
ということですか?

じゃあこれなんかは？
中学生になると
割合が半減します
これはどうして
でしょう？

学習面または行動面で著しい
困難を示す児童・生徒の場合（推定値）

小学校	10.4%
1年生	12.0%
2年生	12.4%
3年生	11.0%
4年生	9.8%
5年生	8.6%
6年生	8.9%

中学校	5.6%
1年生	6.2%
2年生	6.3%
3年生	4.2%

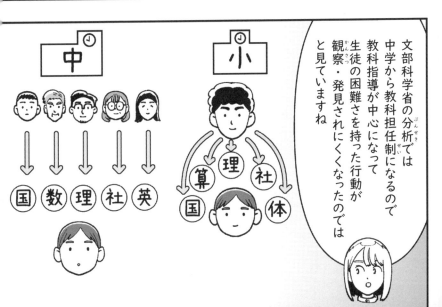

文部科学省の分析では
中学から教科担任制になるので
教科指導が中心になって
生徒の困難さを持った行動が
観察・発見されにくくなったのでは
と見ていますね

小学校から困っていることは続いているのに中学では見過ごされてしまう心配があるんですね！

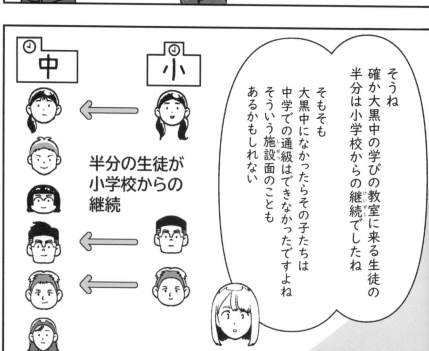

半分の生徒が小学校からの継続

そうね確か大黒中の学びの教室に来る生徒の半分は小学校からの継続でしたね

そもそも大黒中になかったらその子たちは中学での通級はできなかったですよねそういう施設面のこともあるかもしれない

今回の調査では通級利用者も必要と思われる子どものまだ約一割だから通級指導教室の数が少ないということもありますね

見過ごされているかもということではこの男女格差はどうなんですか？女子が男子の半分になってます！

データ出します

学習面または行動面で著しい困難を示す児童・生徒の割合（小中学校）

男子	12.1%
女子	5.4%

（推定値）

これは
どうですか？

これは学習面ね
割合が10年前に比べると
だいぶ上がっているけど…

学習面で著しい困難を示す生徒の割合

(推定値)

	2012年	2022年
中学校	2.0%	3.7%
1年生	2.7%	4.1%
2年生	1.9%	4.1%
3年生	1.4%	2.9%

エッ!?

自慢？
どこが？

私はこれ
自慢なんです
けど！

だって
10年前の調査対象って
"ゆとり世代"ですよね？

困難を示す生徒の
割合が低いのはわれわれ
ゆとり世代の成果じゃ
ないですか！

10年前の
"ゆとり世代"

成果!?
そうかなぁ…？

3人とも"ゆとり世代"

パッ

これです

そうだ
私も気になっている
部分があるんです

校内委員会において、現在、特別な
教育支援が必要とされているか
（小中学校）

必要と判断されている	28.7%
必要と判断されていない	70.6%
不明	0.7%

（推定値）

見てください「必要とされている」が28・7％

これって3割しかケアされていないってことですよね？

文部科学省の分析だとそもそも校内委員会で検討されていないんじゃないかということらしいですね

校内委員会が効果的に運用されていないんじゃないかとも

残念
ですね！

う〜ん
こういう客観的なデータが
ドーンとでることで
校長や管理職が焦って
あたふたしてやり始めませんかね！

焦ってやられても
困るけど…

でもやらなければいけないことは
たくさんあるけれど
校内の支援体制づくりは大切よね
管理職 特に校長の
リーダーシップは重要よ！

校長同士が通級に
理解があるのも
大切な気がします

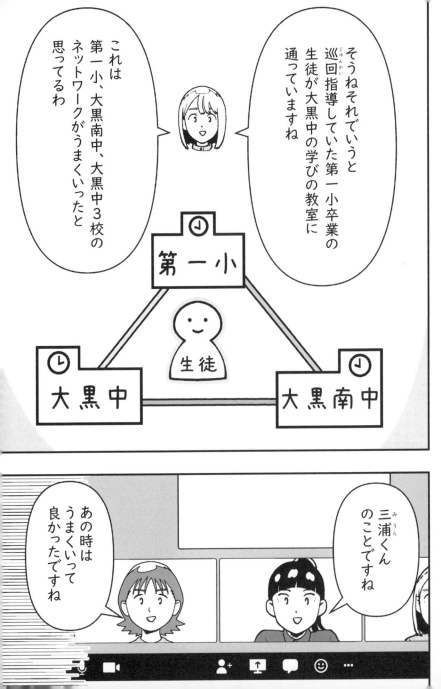

中学でまた
環境が変わりますからね
スムーズに溶け込める
といいですね

大黒南中の寺沢校長は
大黒中の東堂校長と旧知ですから
他校通級のことを確認して
もらえるよう伝えておきます

大黒中

南中から
三人の生徒が学びの教室に
通わせてもらう予定です
開設準備はいかがですか？

学びの教室は
専門的な知識を持った
二人が担当します

一人は他市で通級を経験しています
もう一人は特別支援学校で
これまで指導してきました
安心して生徒を送り出してください

それは
心強いですね！
よろしく
お願いします！

その後
三浦くんは
大黒中へ他校通級を
することになり

水野先生
平塚先生
そして通級へ通う
他の生徒たちと
交流していった

通級指導教室
「学びの教室」

学びの
相談室

子ども役で大人と接する演技はすごーく上手でしたよ自然な感じ！

良かったです本当に…

あの子は小さい頃から大人とはうまく付き合えるようでたぶん相手が自分の話を聞いてくれるからだと思います

そうだったんですね

それで演じやすかったんですね

通級の話もよくするんです
この前も

先生たちが
話をしっかり
聞いてくれるから
思ってることを
言いやすいよ

って

そうなんですか!?
ありがとう
ございます！

飾らずに投げ返してくれる
先生の言葉がヤリのように
胸に刺さると言ってました

例えがちょっとおかしくて
笑っちゃいましたけど

ヤリ…？

ビュッ

胸に刺さるなら
手加減しないと…

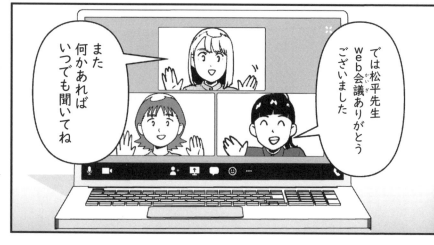

校内委員会の役割

　「校内委員会」という名称は、聞いたことがない方も多いでしょう。校内委員会とは、校内の特別な支援が必要と思われる子どもに対して、何につまずいているのか、どのような支援が必要か等について校内で検討する委員会です。2017年に文部科学省が出した「発達障害を含む障害のある幼児児童生徒に対する教育支援体制整備ガイドライン」にその設置について、「校長のリーダーシップの下、全校的な教育支援体制を確立し、教育上特別の支援を必要とする児童等の実態把握や支援内容の検討等を行うため、特別支援教育に関する委員会（校内委員会）を設置します。」と示されています。

　役割としては、支援を必要としている子どもの教育的ニーズを把握し、その支援内容を検討し評価すること、個別の教育支援計画の作成や活用、合理的配慮の提供の検討、学外の専門家との連携の検討、支援が必要な子どもの早期発見のための仕組み作り、研修計画の企画・立案等があります。運営に当たっては、特別支援教育コーディネーターが中心となりますが、上記に示したように、学校全体で子どものことについて検討する会議ですので、校長がリーダーシップを取り、学校の規模や実情に応じた構成メンバーを決める必要があります。

　子どもによっては、障害の有無が明らかでない場合もあります。そのような場合でも、校内委員会が「支援が必要」と判断すれば、校内支援体制を活用し支援を開始することができます。地域によっては医療などの専門的な資源が少ない地域もあります。校内委員会が中心となり、特別支援学校のセンター的機能などを活用しながら、まず学校でできることを検討していく必要があるでしょう。

（参考）「発達障害を含む障害のある幼児児童生徒に対する教育支援体制整備ガイドライン」文部科学省．2017

第19話
他の子と仲良くするって
どうするの？

今日はこれから一年の小西さんが担任の大友先生と一緒に相談に来ます

大友先生から「不登校になりそうで心配している」と最初に相談があったんです

そういう相談でもいいかと聞かれたので

何でも大丈夫です！

と答えておきました！

不登校？

原因は何かしら？ 勉強？ 部活？ もしくは友だち関係？

部活には入っていないみたいですが何でしょうね…

通級指導教室「学びの教室」

学びの相談室

そういう授業って増えてきてるよね

タブレットを使った授業なら別の教室から受けることができます

えっと…ほかの授業はそのままでもいいの?

ほかの授業…タブレットを使った授業は話し合いをするんです

クラス全体でワイワイやるのは苦手ですどんな風に話せばいいかもよくわからないし嫌なんです

ワイ

ガヤ

ワイ

ガヤ

氏名　藤原　葵

1「茨城県といえば」

①	歴史ある建造物が豊富にある
②	キャンプやマリンスポーツが楽しめる
③	陶芸が盛んに行われている
④	

氏名　小西さくら

1「茨城県といえば」

①	山あり海あり、湖や滝もある豊かな自然
②	偕楽園や鹿島神宮などの文化遺産
③	日本画、陶芸、童謡などの文化人

えっ!?
全然違う
じゃーん!
なんで
同じって
思ったの?

あの…
すいません
やっぱり…

別室登校じゃなくても
いいです！
もう学校いいんです！

授業も楽しくないし！

小西さん
ちょ…
ちょっと落ち着いて

通級指導教室
「学びの教室」

小西さんのことで
いろいろ
お世話になりました

いえ
その後どうですか?

私の印象では大人しく
とても真面目に見えましたが
ちょっと自信がない様子が
気になりました…

ぼくもこの一年間一緒にいて
同じ印象を持っています

そこでそれとなく
同じ小学校から来た生徒に
小学校の頃のことも
聞いてみたんです

その生徒が言うには
友だち付き合い
特に女子同士の付き合いが
苦手だったというんです

女の子同士の
付き合いが
苦手!?

それが理由で
何か苦しく
なったのかな…？

そうなんです
ぼくとしても
注意してみますが

女子同士のこととなれば
ぼくには話しにくいことも
あるかもしれません

引き続き
協力していただけませんか

もちろんです！

数日後

こんにちは！
調子はどう？

えっと…

気になることがあったら
なんでもいいから聞かせて

えっと
私…

他の子と
仲良くするって
どうすればいいのか
わかりません

仲良くしないと
いけないって
小学生の頃から
言われてるけど…

みんなと
仲良く
するん
だよ！

うん！

勝手に
違うこと
しちゃ
だめだよ

みんなと
同じように
できないの？
とお母さんや先生に言われるけど

みんなと同じって
どういうこと…？

○○ちゃんの好きな漫画読んで
△△ちゃんの好きな音楽聴いて

「仲良く」しなきゃって相手に合わせる事ばかり考えちゃってある時「あれっ無理してる?」ってなったの

それからは「仲良く」じゃなく「楽しく」感じることに目を向けるようにしたの

楽しいと思えれば人に無理に合わせる必要はないかもって思うようになったんだよね

でも一人は嫌だしみんなといると話しとかしなきゃ変な子って言われるし…

そうなのね

これまでは無理して合わせてきたのね「友だちが必要」と言い聞かされてきたのかも

さくらちゃんが楽しいって感じる時はどんな時?

えっと…家で一人でゲームしているときが一番落ち着くんです

どんなゲーム？

へー

先生はゲームやりますか？森の中で畑を耕したり釣りしたりするんです！

えっと先生がよくやるゲームはやり投げのアプリゲーム…

なんでそのチョイスなんですか!?

先生やり投げやってたから！

そういえばさくらちゃんがやってるそのゲーム

茜先生もやってるやつだ！私も始めようかな～！

面白いからやってみてください！キャラもかわいいです！

この前先生がやり投げしているとこ見ましたよ！

陸上部の臨時コーチで教えてるんだ

通級指導教「学びの教

先生先生ー！

やり投げのやりってきれいでした！

先生はなんでやり投げをするんですか？

始めたきっかけはね今もはっきり覚えてるよ

大学生の時でもともと短距離をやってたんだけどね…

でも練習が終わって帰ろうとしてたあの日

ファイトー

ラスト1周〜!

実はそれまでやってた短距離はたまたま足が速かったから周りに言われてやってただけだったの

!?

自分の中から自然と「やってみたい！」って気持ちが湧いてきたの

美しい！あんなに遠くまで飛んでいくんだーって思ってね

そうなんだ
自然と…

でもね選手としては
遅いスタートだったから
苦手なやり方でなく
自分なりのやり方でやる
ことを考えて来たの

自分なりの…？

そうなの
苦手なやり方でやっていくと
我慢(がまん)しないといけないから
苦しくなっていくの

小西さんも
そうだったんじゃない？

え？
私ですか…？

小西さん少しは元気になった？

ちょっと吹っ切れたかもしれないです！

ただ自分の考えは持っているようだけどまだうまく言葉にできない感じだったりして

かなり自信がない状態かなって思います

心配ですね

茜先生やり投げの動きやってみてください

え!?なんですか突然こう？

いろんなことを
少しずつ話しながら
『そう感じていいんだよ
それでいいんだよ』って
認めていくことから
始めていこうと思います

小西さんも
いい伴走者を
見つけた感じね

通級指導教室担当者の専門性を高める

　通級による指導では、一人ひとりの子どもを丁寧に見て、指導や支援を工夫することが大切です。このことは、通常の学級の子どもであっても同様ですが、対象とする子どもには「障害があるためにおきている困難」があるわけですから、その障害の特性や状態などを的確に把握する必要があります。そのためには、研修の機会を設けることが必須です。

　研修すべき内容としては、通級による指導の対象となる障害に関する専門的な知識、自立活動の目的や概要、個別の指導計画の作成や特別の教育課程の編成にかかる知識、教材教具の活用、保護者や専門機関との連携など様々な事柄が含まれます。

　通級指導教室を設置している都道府県などが、通級による指導の担当者を対象とする研修を行っている場合は、そのような研修に参加することで専門的な知識を得るだけでなく、他の担当者とのネットワークを作ることもできます。経験がない、または浅い場合は特に、ベテランの担当者のアドバイスを受けたり、指導方法を教えてもらったりすることもよいでしょう。地域によっては、担当者が定期的に学習会等を行っている場合もありますので、情報収集が大切です。

　また、研究団体等の行う研修会も、専門性を高めるためのよい機会です。コロナ禍以降はオンラインでの研修も増え、気軽に参加できるようになってきています。

　大切なことは、分からないことをそのままにしない、分かっている人を探して「聞く」ということです。誰でも最初は初心者で、すぐに専門家にはなれません。誰に聞いたらよいか、地域の頼れる先輩、切磋琢磨できる仲間を見つけることが、専門性を高めることのスタートラインです。

（参考）「障害に応じた通級による指導の手引き」文部科学省. 2018

第 20 話
通級と医療機関の連携でしっかり支援

全部解けなかったから
点数低いとは
思ってたけど…

56

1 次の英語を日本語に変えなさい。

① airport　② animal　③ foot

① 空港　② ✓動物　③ ◯足

2 次の日本語を英語に変えなさい。

① 建物　② クマ　③ サッカー

① ✓bulbing　② ◯bear　③ ✓sqcoer

あれ？
なんか人多い？

ああ
学びの教室に通う人も
増えてきてね
今日は向こうで
集団で活動するのよ

根本君は
私と個人授業
だけどね

えー
俺もあっちが
いいなー

はいはい
席に着こうね

> 了解

けし
けしゃ

でも一成ほどでじゃないぞ！

まあ俺らもよく間違うけどな

今度の日曜日
1時集合な！

OK

既読
18:57

スタンプって楽だな〜

ご飯できたよー

大黒中の通級…
学びの教室に通いはじめて
だいぶ経ったけど
そっちはどうかな?

それはよかった!
君は明るいし友人関係は
心配してなかったけどね

はい!
友達もできたし
部活も楽しいです

ん～
ここでやってた
こととそんなに
変わらないですよ

お母さんは
授業を
見に行かれたり
していますか?

えっ
忙しくて
なかなか…

ただ
一成や担当の先生から
伺っている限り
そうだと思います

（18話参照）

3人とも "ゆとり世代"

それでこの前校外の機関や専門家との連携について話があったじゃないですか

ああ あれからすっかり定期開催になりましたよね

いや～勉強になる時間ですよね～

そういえば加藤主事から聞いたんだけど発達支援センターの設立が本格的に動き出したそうよ

そうなんですか！開設はすぐにって訳にはいかないだろうけど

発達支援センターができたら子どもたち本人やご家族の支援もですけど子どもたちに関わる私たちの情報共有や研修なんかも活発になりますよね！

そうねそれに地域の関係機関をつなげる役割をもつハブ的な存在になるわね

子どもたちが安心して学ぶには幼稚園・保育所から高校まで切れ目のない支援体制を整えないといけない

でもそれだけじゃなくて保護者や関係機関と連携して情報を集めたり指導の方針を決めていかないといけないからね

通級の担当者として外部の専門家と連携しなきゃとは思いつつもなかなか難しいんですよね…

※松平先生が担当する通級のある学校

第二小※ではどうされてるんですか?

…

うちは福島先生（特別支援教育コーディネーター）が中心になってくださってるわ

うわ〜こんなところあったんだ！

本当に人脈が広くってねプレイルームを作る時にお世話になった作業療法士さんを紹介してもらったり

作業療法士さんには必要な時にプレイルームの器具の使い方を教えにきてもらってるの

(2巻1話参照)

関係する機関全体が連携・協力して継続した支援を続けられるようにならないと

子どもの現在の状態を把握して子どもたちが安心して自分なりの学びをできるようにすることが大切だからね

なるほど…！

なんて全部恩師の受け売りなんだけどね〜！

学びの教室ができてから校内の体制は少しずつ整ってきていますけど外部との連携はまだまだだなって思って

どうすればいいんだろうってずっと考えてるんですよ〜

子どもたちの指導の方針を考える時とか医学的な観点からの支援方法とか聞きたいことありますね

特に病院や専門機関でトレーニングを受けている子の場合はどういう指導内容をどういう目的でしているのかってちゃんと知っておきたいわ

それって根本君のことですか?

そう
本人に聞いてみても
「同じ」って答えるし

お母さんも
通級と病院での指導内容を
知ってはいるけど
割と根本君任せというか…

根本君なんだかんだ
しっかりしてますからね~

転校して来てすぐに
クラスに馴染んだみたいですし
担任の先生もテストの点が
取れないことは心配してますけど
人間関係は問題なしと
太鼓判押してますからね

そうは言っても
本人の言葉を
そのまま鵜呑みに
する訳にもいかないし…

う~ん…

んん~じゃあ
聞きに行っちゃい
ましょう!

え?

本当に来ちゃった

石丸クリニック

根本君のお母さんも主治医の先生もお話を伺うことを快く許可してくださって助かったわ

しかも校長先生が出張扱いにしてくれたのもありがたいわ

校長先生

優花はお留守番

ぶんっ

ご連絡くださった
水野先生ですね
根本一成君の主治医の
石丸といいます

本日はお忙しいところ
お時間いただき
ありがとうございます

いえいえ
私も一成君の学校の様子を
聞けたらと
ずっと思っていたんですよ

え!?
そうなんですか?

はい
彼が初めて受診してから
定期的に診察・指導をして
経過をみてきてはいます

それでも一成君が
一番長い時間を過ごすのは学校で
そこでの様子が見えないのは
やはり不安に感じるといいますか…

彼に最適な指導を見つけ出すために
ご家庭のことだけではなく
学校での様子も把握したいです

もちろん
一成君だけではなく
他の子どもたちにも
言えることですが

お医者さんも
そう思ってたんだ…

あの
私たちも子どもたちの指導の際に
医師や作業療法士といった専門家の方の
意見を聞きたいと感じることもありまして

それに教育と医療では立場だったり
役割も異なるとは分かっているのですが
それぞれの目標や支援方針などを
互いに把握しておくことが
子どもたちの支援には大切だと思うんです

可能であれば生徒の特徴や
支援の内容を共有できるような仕組みを
整備できればと思っているんです…!

共有

それは私も同じ気持ちです
我々が連携することが
子どもたちの生きづらさを
解消する手立ての一つでしょうから

まずは一成君について
お話し進めていきましょうか

ありがとうございます！

後日
保護者含めた面談

根本君の主治医の先生と
お話ししまして
ご両親の了解をいただいた上で
学校側と病院側で
情報共有をしたいと思っています

電話やメール・文書・診察への
同行などその方法は
これから検討することになりますが
医療機関と連携することで
より根本君にあった方法で
一緒に学びを進めていきたいと
思っています

どうでしょうか？

ドリブルが上手になりたいからシュート練習するぞ!

ドリブルが上手くなりたいのにシュートやディフェンスの練習するのは違うってなるでしょ?

それはまあ確かに…

それは学習でも言えることなの

根本君にあった学び方で学んでいくことが大切なんだ
だからこれから石丸先生たちや私たちと一緒に根本君なりの学び方を見つけていこうね

はい!お願いします!

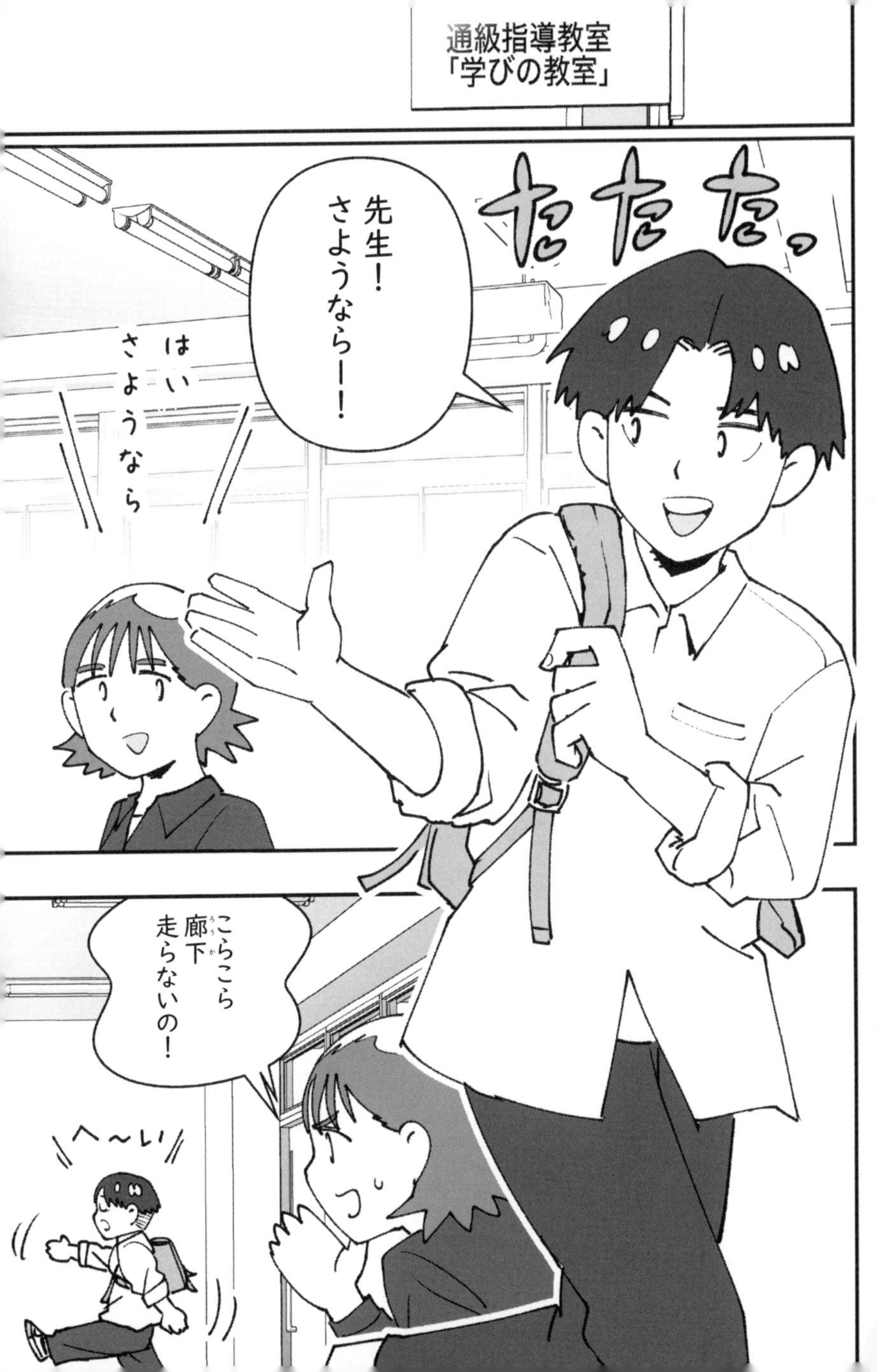
通級指導教室
「学びの教室」
たたた。
先生！さようならー！
はい さようなら
こらこら廊下走らないの！
へ〜い

なんだか前より
さらに元気に
なりました？

根本君

新しい熟語が出てきたら
まず電子辞書などで
その都度意味を調べてから
漢字の練習をするようにしたの

この熟語の
意味は…っと

それに
漢字の偏や旁から成り立ちを
調べて覚えたり…

そうしたら
少しずつ結果が出てきたみたいで
それが自信になってるんだと思います

衣→衤→ネ
示→礻→ネ

ころも偏に
点がつくのは
こういう事か

だって
病院の先生が必要だって言うのと
学校で必要なことって
違うのかなって思ったんだよ
だから多少違っても
そんなもんかっていうか…

それに
やれって言われたことが
違くたって
やればその分勉強できるように
なるはずでしょ？

俺　バカだから…
受験のことだって考えたら
いっぱいやらなきゃだめだろ…

へえ！
それはいい傾向ですね！
根本君書くことの苦手さに
コンプレックスのようなものを
感じていて自分のことを
「バカ」とも言ってましたし…

石丸先生と協力する
ことで指導を通して
根本君が前向きになれた
のは本当にいいことでした

でも医療機関と連携する時は
子ども本人や保護者の方の希望や
心理状態にも配慮しながら
進めなきゃいけないから
一朝一夕にはいきませんね

それでも
これが大黒中での
事例の一つめになったことは
間違い無いですし

これからの
学びの教室での指導も
充実しますよね！

それに障害による困難さを
感じている子どもたちの中には
睡眠や食事の問題とか

頭痛や身体のだるさ
なんとなく調子が悪い…
というような状態がみられたり

学校でうまくいかないことが続いて
意欲がなくなったり
落ち込みやすくなったりする子もいます

そんな時に学校側が
医療機関などと連携していたら
受診や支援ももっと
スムーズになるはずです！

【そう遠くない未来】

黒田教育長の尽力で
大黒市母子保健センターに
発達支援センターが開設しました

本人や家族が発達障害に関する相談ができるほか
医療などの関係機関、民間団体などとの
連絡調整機能を備えているため
障害による困難さを感じている人たちに対する
支援体制が地域単位で可能となりました

さらにその数年後
市教育委員会と県内の小児科医の団体が
協定を結ぶことに

県はこれをモデルとし
他の市町にも広げていく構想を立てています
教育と医療の現場が連携をさらに強め
発達障害の疑いのある子どもなどの支援を
より手厚くスムーズにしました

黒田教育長

通級指導教室担当者と専門家
（医師、作業療法士、スクールカウンセラー等）
との連携

　通級による指導では、子どもの学習上、または生活上の困難さを改善するために様々な側面からの支援が必要であり、それぞれの困難についてどのような要因が影響しているのかを丁寧に把握することが重要です。例えば「読みの困難」であれば、衝動性の高さや不注意が関係する場合もあります。もちろん、注意を促す声がけや工夫は当然行いますが、場合によっては服薬等が効果を示すこともあり、医師との連携が必要となることもあります。また、学習の困難があり本人が悩んでいる、そのために登校渋りがある等の場合はスクールカウンセラーと連携し、本人の気持ちをまず聞き取ることが必要となります。「書くことの困難」がある場合は、不器用が関連していないかについて確認することが大切ですし、不器用さがある場合は運動面への支援を行うために作業療法士と連携することもあります。

　このように、子どもの状態によっては他職種と連携して支援することでより効果がある場合があります。地域の専門機関について情報収集し、必要なときにアドバイスを受けられるようなネットワークを作っておくことが大切です。

　また、子どもによっては、すでに専門機関を受診している場合もあります。そのような場合には、保護者や本人の了解の下、支援に関する情報を共有することが重要です。それぞれの立場で支援は行いますが、目指す方向が一致していなければ効果は上がりません。子どもを中心に、専門機関や支援者が連携し支援を行えるよう、通級指導教室担当者が中心となってコーディネートすることも大切な役割だと考えます。

5巻のあとがき

『みんなが輝くために』第5巻をお読みくださってありがとうございました

5巻は新設されたばかりの中学通級が舞台です

他人の目が気になる思春期ならではの通級利用の難しさも出てきます

5巻では若い二人の通級担当者が生徒を思ってさまざまなアイデアを考えます

「学びの相談室」開設
医療機関等との連携
がんばっています！

若いとは実行力！

みなさんのご意見やご感想に元気をたくさんもらっています

5巻も現場で活躍されている旧知の
東京・田中容子先生 北海道・山下公司先生
宮城・伊藤陽子先生に
ご協力いただき発行まで至りました

6巻では高校通級も取り上げます

6巻でもみなさんにお会いできるのが楽しみです！

通級のこと　もう少し知りたい！

梅田真理先生が答える

Q and A

Q. 通級による指導を受けるために抜けた授業の補習はありますか？

A. 基本的には通級による指導を受けるために抜けた授業の補習はありません。そのため、どの時間に抜けて指導を受けるかについては、通級指導教室の担当者のみではなく学級担任や教科担任等も含めて十分に話し合う必要があります。また、その授業を抜けても通級による指導を受ける必要がある（指導を受けたい）という、本人や保護者の理解も必須です。もちろん、抜けてよい授業があるわけではありませんので、受けられなかった授業については学級担任、教科担任等が授業内容を伝えたり、使用したプリント、宿題等を渡したり等の配慮を行うことも必要です。

Q. 通級による指導を受けていたことは、調査書にはどう記載されますか？

A. 通級による指導は、指導要録（子どもの学習の記録として作成するもの）に、指導期間や時間数、内容などが記載されます。この記載内容に基づき、調査書にも通級による指導の時間数や内容等が記載されます。ただし、指導要録への記載と同様に、記載する内容については在籍学級の担任と通級指導教室担当者、特別支援教育コーディネーター等が情報共有をしながら検討をします。通級による指導の記載が調査書にあったとしても、そのことが受験等に影響を及ぼすことはありません。入学後の支援に活かすために、記載されるのです。

Q. 個別の教育支援計画、個別の指導計画とはどんなものですか?

A. 個別の教育支援計画は、小・中学校、高等学校等において、障害のある子どもの個々のニーズを把握し、教育の視点から適切に対応していくという視点の下、乳幼児期から学校卒業時まで一貫して的確な教育的支援を行うための計画です。また、作成に当たっては医療や福祉等の他の専門機関との連携協力を確保することが必須となります。この個別の教育支援計画に基づいて、子どもの個々のニーズに沿い指導目標や方法、内容などを具体的に記載した計画が、個別の指導計画です。個別の指導計画は、日々の指導の元となるものですが、学期毎等で定期的に見直し、より子どものニーズに合ったものに改善することが必要です。

Q. 高等学校の通級指導教室は増えているのですか?

A. 通級による指導実施状況調査（文部科学省 .2022）によると、高等学校で通級による指導が開始された平成 30 年には、通級指導教室が設置された高等学校は 508 校でした。しかし、令和元年には 787 校、令和 2 年には 1300 校、令和 3 年には 1,671 校と大きく増えています。公表されている調査結果は現在のところ令和 3 年度までですが、その後も増えていることは間違いないでしょう。ただし、小学校の 154,559 校、中学校の 27,649 校と比べるとまだまだ少ないです。上記の調査によると、「通級による指導が必要と判断した生徒の中で通級による指導を行わなかった」理由として 2 番目に多いものが、「通級による指導の担当教員が加配されず、他校通級や巡回による指導等の調整ができなかった」という理由でした。指導者の確保や形態の工夫などが今後の課題と言えます。

【謝辞】
田中 容子先生
山下 公司先生
伊藤 陽子先生

みんなが輝くために5

2024 年 7 月 20 日　初版第 1 刷発行

【原作・著】
梅田 真理

【マンガ・イラスト】
河西 哲郎

【発行人】
山口 教雄

【発行所】
学びリンク株式会社

〒 101-0064　東京都千代田区神田猿楽町 2-1-14 A&X ビル 6F
電話 03-6260-5100
FAX 03-6260-5101

【印刷・製本】
株式会社シナノ パブリッシングプレス

【表紙・本文デザイン】
藤島 美音、渡邉 幸恵、南 如子（学びリンク）

ホームページ　https://manabilink.co.jp/
ポータルサイト　https://www.stepup-school.net/